CATALOGUE

DE

TABLEAUX

ANCIENS & MODERNES

PROVENANT DE LA COLLECTION DE M. D.

DONT LA VENTE AURA LIEU

HOTEL DROUOT

SALLE N° 3

Le Mercredi 10 Avril 1861

A 2 HEURES PRÉCISES

M° DELBERGUE-CORMONT, Commissaire-Priseur.
rue de Provence, 8;

Assisté de M. DHIOS, Expert, rue Le Peletier, 33,

Chez lesquels se distribue le Catalogue.

EXPOSITION PUBLIQUE

Le MARDI 9 Avril 1861, de une heure à cinq heures.

PARIS

RENOU & MAULDE

IMPRIMEURS DE LA COMPAGNIE DES COMMISSAIR
144, rue de Rivoli.

1861

CATALOGUE

DE

TABLEAUX

ANCIENS & MODERNES

PROVENANT DE LA COLLECTION DE M. D.

DONT LA VENTE AURA LIEU

HOTEL DROUOT

SALLE N° 3

Le Mercredi 10 Avril 1861

A 2 HEURES PRÉCISES

Me DELBERGUE-CORMONT, Commissaire-Priseur.
rue de Provence, 8;

Assisté de M. DHIOS, Expert, rue Le Peletier, 33.

Chez lesquels se distribue le Catalogue.

EXPOSITION PUBLIQUE 

Le MARDI 9 Avril 1861, de une heure à cinq heures.

PARIS

RENOU & MAULDE

IMPRIMEURS DE LA COMPAGNIE DES COMMISSAIRES-PRISEURS

144, rue de Rivoli.

1861

CONDITIONS DE LA VENTE.

Elle sera faite au comptant.

Les acquéreurs paieront CINQ pour cent en sus des adjudications, attribués aux frais de la vente.

DÉSIGNATION

DES

TABLEAUX.

ALFRED DE DREUX.

1 — Cavalier au galop.

BATTONI.

2 — La Sainte Vierge tenant l'Enfant Jésus dans ses bras.

BERRÉ.

3 — Animaux dans un pâturage.

BERTIN.

4 — Entrée des catacombes de Rome.

BOISSIEUX (JACQUES).

5 — Paysage et fabrique.

BOUCHER.

6 — Un Berger jouant de la cornemuse ; devant lui, une bergère tresse une couronne de fleurs.

BOSCH (VAN DEN).

7 — Atelier d'un sculpteur.

BOSCH (Van den).

8 — Atelier d'un peintre.

BRAUWER.

9 — L'Opérateur (Scène d'intérieur).

DU MÊME.

10 — Intérieur flamand. Scène de cabaret.

BREYDEL (Chevalier de).

11 — Choc de cavalerie.

BRUANDET.

12 — Paysage orné de figures.

CAFFI (Marguerite).

13 — Vases de fleurs. (2 pendants.)

CASANOVA.

14 — Combat de cavalerie (Esquisse).

CASTELLI.

15 — Marine.

CAPELLE (Van).

16 — Mer calme.

CHARDIN.

17 — Portrait d'une jeune femme.

CHARPENTIER.

18 — La Jeune ménagère.

CUYLEMBURG.

20 — Convoi militaire.

DEMACHY.

21 — Le Vieux Paris, composition ornée de jolies figures.

DEMARNE (Attribué à).

22 — Paysage avec rivière.

DEMARNE (Signé).

23 — Paysage et animaux.

DOES (Van der).

24 — Bestiaux dans un paysage.

DUVAL.

25 — Plage.

EVERDINGEN.

26 — Paysage avec chute d'eau.

FRANCK (le Vieux).

27 — Le Calvaire. Composition d'un grand nombre de figures.

J.-B. GREUZE (Attribué à).

28 — Jeune enfant tenant un chien dans ses bras.

GUARDI.

29 — Vue de Venise. La place Saint-Marc et le grand canal.

GUERCHIN.

30 — La Madeleine.

HERMAN D'ITALIE.

31 — Paysage animé de figures.

HOREMANS.

32 — Le Miroir. Scène d'intérieur hollandais.

PIERRE DE HOOGH (École de).

33 — Jeune dame et un seigneur servis par un valet.

KESSEL (Van).

34 — Chevaux en liberté.

KOBELL.

35 — Animaux dans un paysage.

KUWASSEG.

36 — Plage sur les côtes de Normandie.

LAJOUE.

37 — Assemblée galante dans un parc. Charmante composition dans le genre de Watteau.

LAMBRECHT.

38 — Le Benedicite.

LANTARA.

39 — Paysage marine ; effet de clair de lune.

LARGILLIÈRE.

40 — Portrait d'une jeune dame, époque de Louis XV.

LAWRENCE (Genre de).

41 — Conversation galante.

LENZEN.

42 — Moutons dans un paysage.

L'ENFANT DE METZ.

43 — Enfant donnant à manger à des lapins.

J.-B. LEPRINCE (Attribué à).

44 — Le Chien savant.

LICHERIE (Louis).

45 — L'Adoration du veau d'or. (Gouache.)

LINGELBACH (J.).

46 — Le Rendez-Vous de chasse.

LOUTHERBOURG.

47 — Un cavalier monté sur un cheval blanc le fait boire à une fontaine.

MADOU.

48 — Intérieur : scène de famille.

MARCELLIS (Otto).

49 — Plantes, insectes et reptiles.

MARTIN.

50 — Campement d'une armée.

MEULEN (Van der).

51 — Chasse sous Louis XIV.

MICHAUD.

52 — Cérémonie religieuse.

MOLENAER.

53 — La Partie de cartes.

MONFALLET.

54 — Jeune Homme lisant.

MOREAU.

55 — Chasse au cerf.

NETSCHER. (C.).

56 — Portrait de jeune femme.

DU MÊME.

57 — La Partie de musique.

PATEL.

58 — Paysage avec ruines d'architecture. Composition dans la manière de Claude le Lorrain.

POELEMBURG (C.).

59 — Baigneuses.

POEL (VAN DER).

60 — Incendie d'un village.

ROMAIN (attribué à J.).

61 — Combat de cavalerie.

ROQUEMONT.

62 — Paysage avec bergers.

ROQUEPLAN.

63 — Paysage : effet de soleil levant.

ROTTENHAMER.

64 — Diane découvrant la grossesse de Calisto

ROZIER (Jules).

65 — Paysage : les coteaux de Saint-Cloud.

STEEN (Jean).

66 — Intérieur de cabaret. Sur le premier plan, un homme écoute un concert grotesque, qui s'exécute dans le fond de la salle.

SWEBACK DESFONTAINES.

67 — Paysage. Sur le premier plan, deux cavaliers suivent une route. Dans le lointain, une chasse au cerf.

DU MÊME.

68 — Marche d'armée.

SCHOEWARTS.

69 — Paysage avec figures et ruines.

TAUNAY.

70 — Paysage marine : port d'Italie. Le premier plan est animé de figures et d'animaux.

TOL (Van).

71 — La Dévideuse.

VERSCHURING (H.).

72 — Un voyageur monté sur un cheval blanc s'arrête à la porte d'une cabane. Une femme lui donne à boire.

VERNET (Joseph). Signé.

73 — Baigneuses.

WAGNER.

74 — Le Passage du gué.

WOUWERMANS (Pierre).

75 — Intérieur de l'écurie d'une hôtellerie. Des voyageurs, dont l'un déjà à cheval, se disposent à partir, tandis que d'autres personnages arrivent.

DU MÊME.

76 — L'Abreuvoir.

ZEEMAN (W.-A.).

77 — Port de mer. Plusieurs navires sont à l'ancre; la plage est animée de nombreuses figures. Tableau très-fin.

ÉCOLE FLAMANDE.

78 — La Vierge et l'Enfant Jésus.

MÊME ÉCOLE.

79 — Paysage : site montagneux.

MÊME ÉCOLE.

80 — Baigneuses et animaux.

ÉCOLE HOLLANDAISE.

81 — Paysage : effet d'hiver.

ÉCOLE FRANÇAISE.

82 — La Toilette de Vénus.
Les Forges de Vulcain.
Deux pendants, forme ovale. (Gouaches.)

ÉCOLE ITALIENNE.

83 — Jupiter et Danaé.

MÊME ÉCOLE.

84 — Vierge martyre.

MEULEN (Van der).

85 — Combat de cavalerie.
Un gros de cavaliers tombe dans une embuscade et reçoit à bout portant un feu de mousqueterie qui les met en désarroi.
Ce tableau est peint dans la manière de P. Snayers, dont Van der Meulen était l'élève.

86 — Quelques tabeaux omis.

87 — Plusieurs cadres dorés seront divisés sous ce numéro.

Penou et Maude, imprimeurs de la Compagnie des Commissaires-Priseurs, 144, rue de Rivoli.   639